VENTE

HOTEL DROUOT, SALLE N° 1

Le Lundi 24 et Mardi 25 Novembre 1902

A 2 HEURES 1/4

MEUBLES ET BRONZES

Époques et Styles

XVIe, XVIIe ET XVIIIe SIÈCLES

MARBRES, PORTRAITS HISTORIQUES

PIANOS D'ÉRARD ET DE PLEYEL

TABLEAUX — GRAVURES

Tapisseries anciennes, Tentures, Tapis de soie d'Orient.

Me F. LAIR DUBREUIL
COMMISSAIRE-PRISEUR
Successeur de Me DUCHESNE
6, rue de Hanovre, 6

M. ARTHUR BLOCHE
EXPERT
près la Cour d'Appel
28, rue de Châteaudun, 28

EXPOSITION PUBLIQUE

LE DIMANCHE 23 NOVEMBRE, 1902, DE 2 H. A 5 H. 1/2

PARIS. — Imp. MÉNARD et CHAUFOUR
C. CHAUFOUR, Succr
8-10, rue Milton

CONDITIONS DE LA VENTE

Elle sera faite au comptant.

Les acquéreurs paieront 10 o/o en sus du prix d'adjudication.

L'exposition permettant au public de se rendre compte de la nature et de l'état des objets, il ne sera admis aucune réclamation une fois l'adjudication prononcée.

DÉSIGNATION

OBJETS D'ART

1 — Belle garniture de cheminée composée de : une pendule en marbre rouge à cadran encadré de bronze doré, surmontée d'un groupe des trois Grâces d'après GERMAIN PILON et deux vases de forme ovoïde en bronze décorés en relief de figures de prêtresses, anses à têtes de dauphins et supportant des flammes électriques en cristal, socles cannelés en marbre rouge. Edition de BARBEDIENNE.

2 — Garniture de cheminée composée de : une pendule modèle à cage en bronze ciselé et doré à rinceaux, thyrstes et trophées d'instruments de musique sur socle en marbre vert de mer et deux flambeaux formés de colonnettes enguirlandées sur-

montées de chapiteaux portant une lumière en bronze. Style Louis XVI.

3 — Jolie pendule en bronze doré à figure de Minerve symbolisant la paix, cadran forme bouclier posant sur un socle décoré en relief d'une offrande à Mercure et d'attributs guerriers. Ier Empire.

4 — Pendule en bronze doré, le socle à guirlandes de fleurs, lyres et mascarons supporte un cadran sur lequel s'appuie une figure de joueur de flûte en bronze doré. Commencement du XIXe siècle.

5 — Petit monument formé par un vase brûle-parfums en bronze doré sur socle en marbre blanc sur lequel s'appuie une jeune femme éplorée en bronze doré, double base en marbre ornée d'un médaillon, de colombes et de moulures en bronze doré. Style Louis XVI.

6 — Grand lampadaire en bronze, décor chinois en relief de dragons, d'oiseaux et d'arbustes, parties ajourées, supportant une lampe de forme ovoïde.

7 — Grand lampadaire analogue au précédent, d'un modèle différent.

8 — Buste de Napoléon Ier en bronze. Signé : BULIO.

9 — Statuette en bronze *Aqua Fresca* de DUBOIS.

10 — Cartel en cuivre poli décor à ancre marine et feuillages.

11 — Statuette de Jeanne-d'Arc en bronze. Signée : E. LAURENT.

12 — Lustre en cristal orné de cristaux.

13 — Suspension en cuivre poli et ajouré.

14 — Paire de chenets en cuivre poli XVIIe siècle.

15 — Deux médaillons en bronze, bustes de personnages Louis XIII.

16 — Deux médaillons en bronze, bustes de Napoléon III et de l'Impératrice Eugénie.

17 — Groupe en bronze argenté : les trois Grâces sur socle en onyx orné de mufles de lions en bronze.

18 — Paire de flambeaux d'autel en bronze chincis sur pieds à trompes d'éléphants.

19 — Brûle-parfums en bronze chinois couvercle surmonté d'une chimère.

20 — Vase sur piédouche en cuivre gravé travail indien.

21 — Douze médailles en bronze reproductions d'Eglises en relief.

22 — Paire d'appliques en bronze doré à 2 lumières.

23 — Paire de vases en porcelaine craquelée de Chine, décor à scènes guerrières.

24 — Boîte en porcelaine d'Allemagne fond vermiculé décorée sur le couvercle d'un groupe de danseurs dans un encadrement à rocailles et feuillages dorés.

25 — Coffret en émail gros bleu décoré d'ornements en or et de gouttes en émaux de couleur, monture en bronze.

26 — Petit médaillon rond en cire représentant le relief une figure équestre de L. Al. de Bourbon C. de Toulouse.

27 — Christ ancien en ivoire sculpté.

28 — Jeu de dominos.

29 — Christ en ivoire sculpté sur creux d'ivoire.

30 — Petit bénitier en bronze cloisonné sur croix en onyx.

31 — Email ovale représentant l'*Assomption*, d'après Murillo, cadre en velours.

32 — Peinture sur porcelaine représentant sur un fond d'or quadrillé à fleurs, la Vierge assise sur son trône, cadre en maroquinerie.

33 — Trois feuilles d éventails peintes sur mousseline.

34 — Eventail en ivoire ajouré et incrusté Louis XVI feuille décorée d'un paysage animé de figures.

35 — Eventail monture en ivoire repercé à jour forme Louis XV feuille décorée d'un sujet galant.

36 — Miniature ovale portrait de jeune femme avec fleurs dans les cheveux.

37-38 — Deux miniatures rondes portraits d'homme et de femme, cadres en bois noir.

39 — Miniature portrait de femme en tunique blanche enguirlandée de fleurs.

40 — Petite peinture sur ivoire femme demi-nue coiffée d'un grand chapeau.

41 — Trois violons avec archets dans leur étui.

42 — Statuette en marbre blanc : la Esmeralda, par Hippolyte MOREAU.

43 — Garniture de cheminée en thuya

sculpté composée de : une pendule borne, deux vases à anses contournées et deux flambeaux.

44 — Beau buste en marbre blanc de la Princesse de Conty.

45 — Beau buste de femme Louis XV en marbre blanc.

46 — Deux girandoles en bronze argenté. Style Louis XV.

47 — Paire de vases en bronze orné de bas-reliefs, socle en marbre vert de mer.

48 — Buste de Diane en bronze doré, socle en marbre.

49 — Garniture de cheminée en marbre blanc garni de bronze. Style Louis XVI.

50 — Statuette en marbre : la Poésie.

51 — Statuette en marbre : la Rêverie.

52 — Paire de chenêts en bronze doré. Style Louis XIV.

53 — Paire de colonnes en marbre fleur de pêcher.

54 — Pendule d'applique en marqueterie de cuivre. Style Louis XV.

55 — Groupe en bronze : la Danse des faunes, d'après CLODION.

56 — Baromètre-cartel. Style Louis XV.

57 — Paire de vases Louis XVI, anses à têtes de béliers et guirlandes.

58 — Statuette en bronze : Jeanne d'Arc, par la princesse MARIE D'ORLÉANS.

59 — Statuette en bronze : la Lavandière, signée GARNIER.

60 — Statuette en bronze : l'Aurore, de BEER disposée pour l'électricité.

61 — Paire de chenêts en bronze. Style Louis XVI.

62 — Statuette en bronze : Rebecca, de GAUTHERIN.

63 — Paire de candélabres en bronze. Ier Empire.

64 — Jardinière Empire en acajou garni de bronze.

65 — Statuette en biscuit.

66 — Deux lampes en bronze ciselé et doré signées LEROUX, disposées pour l'électricité.

67 — Vase en cuivre émaillé monture en argent ciselé, signé BRÉCY.

68 — Statuette équestre du XVIe siècle, représentant un Empereur romain.

69 — Paire de petites appliques Louis XV en bronze ciselé et doré.

70 — Service de fumeur en émail cloisonné du Japon.

71 — Groupe en ivoire : homme tenant un éventail.

72 — Groupe en ivoire, l'Artisan.

73 — Croupe en ivoire, Homme et enfant.

74 — Quatre netzukés en ivoire.

75-76 — Quatre petits brûle-parfums en émail cloisonné.

77 — Paire de vases en émail cloisonné du Japon.

78 — Paire de grands vases en émail cloisonné fond bleu ciel, décor fleurs et oiseaux.

79 — Deux bouteilles en porcelaine de Chine décor en bleu sur blanc.

80 — Paire de vases en bronze du Japon, décor en relief.

81 — Brûle-parfums en bronze du Japon, décor fleurs et volatiles en relief.

82 — Deux vases en poterie japonaise, décor en relief à personnages.

83 — Vasque en porcelaine de Chine, décor en bleu sur blanc.

84 — Grand brûle-parfums en satzuma, décor à personnages.

85 — Sabre japonais en os sculpté.

86 — Grande bouteille en porcelaine du Japon, décor ronce et or.

87 — Brûle-parfum en poterie japonaise, couvercle surmonté d'une chimère.

88 — Jardinière en bronze du Japon, décor en relief à fleurs.

89 — Deux potiches en porcelaine de Chine, fond bleu, décor à fleurs en polychrome.

90 — Divinité japonaise en bois sculpté et doré.

91 — Miniature rectangulaire, sur ivoire : Mme Récamier, d'après GÉRARD.

92 — Miniature ovale, sur ivoire : La reine Marie-Antoinette, d'après VIGÉE LEBRUN.

93 — Miniature ovale, sur ivoire : Mlle Clairon.

94 — Miniature ovale, sur ivoire : La duchesse d'Orléans, d'après Vigée Lebrun.

95 — Boîte en ivoire, ornée d'une miniature.

96 — Deux lampes formées par des potiches en porcelaine de Chine, décor à personnages.

97 — Haut-relief marbre : Femme au rocher.

98 à 100 — Trois épingles en or ornées de perles fines.

101 — Allume cigares en argent.

102 — Photoscope.

103 — Appareil photographique Kodack.

104 — Paire d'appliques à gaz à trois lumières.

MEUBLES

105-106 — Deux meubles argentiers Louis XV en noyer sculpté formant vitrines.

107 — Piano à queue d'Erard.

108 — Piano quart de queue de Pleyel.

109 — Canapé et deux marquises en noyer finement sculpté couverts en satin vieux rose à bouquets de fleurs, style L. XV.

110 — Deux bergères en bois sculpté et doré couvertes en soierie fond blanc à médaillons et guirlandes de fleurs et feuillages, Louis XVI.

111 — Grande glace biseautée avec cadre et fronton en bois sculpté et doré ajouré.

112 — Petite table vitrine en bois sculpté laqué blanc, Louis XVI.

113 — Coffre à bois formant banquette en bois sculpté, style breton.

114 — Toilette-lavabo peint en blanc, dessus en marbre.

115 — Tabouret de piano, forme coquille en noyer sculpté.

116 — Chiffonnier à sept tiroirs en noyer et bois rose, Louis XVI.

117 — Commode Louis XIV en pallissandre et cuivrée.

118 — Console Louis XVI en acajou.

119 — Secrétaire Louis XVI en noyer et filets de bois de rose.

120 — Quatre bois de fauteuils Louis XV.

121 — Guéridon Louis XVI en acajou à dessus mobile.

122 — Fauteuil Louis XIV, bois sculpté garni de paille.

123 — Bureau Louis XV à dos d'âne en bois de rose.

124 — Commode en bois de violette satiné à filets de cuivre, poignées en bronze, époque XVIIIe siècle.

125 — Six chaises en noyer, garnies; Louis XVI.

126 — Fauteuil Louis XIV en bois sculpté garni de canne.

127 — Deux fauteuils Louis XV en noyer sculpté.

128 — Chaise Louis XIV, garnie en tapisserie au point.

129 — Chaise Louis XIII bois tors.

130 — Quatre panneaux en bois sculpté Renaissance.

131 — Bergère, style Louis XVI en bois sculpté et doré, recouverte en soie fond crème brochée à fleurs.

132 — Meuble de salon de style Louis XVI, en bois sculpté et doré, recouvert en soierie fond crème, brochée à fleurs, com-

posé d'un canapé, deux fauteuils et deux chaises.

133 — Meuble de salon, époque Louis XVI, en bois de buis laqué blanc, recouvert en velours frappé, fond brun.

134 — Banquette d'antichambre bretonne à dossier en bois sculpté.

135 — Armoire de même travail.

136 — Stalle bretonne en bois sculpté.

137 — Bibliothèque en palissandre.

138 — Paravent Louis XVI en bois sculpté, à trois feuilles, garnie de soie brochée à fleurs avec gravures dans le haut.

139-140 — Deux consoles en bois sculpté et doré, surmontées de glaces, style Louis XVI.

141 — Guéridon en bois sculpté et doré, dessus en marbre. Style Louis XVI,

142 — Guéridon en bronze émaillé, dessus en marbre. Style Louis XVI.

143 — Bahut en marqueterie de bois garni de bronzes. Style Louis XV.

144 — Petit paravent en noyer, orné de glaces, d'une gravure et de soie. Style Louis XV.

145 — Glace avec cadre en bois sculpté et doré.

146 — Meuble-cabinet en bois sculpté de Chine avec panneaux en laque bleu, incrusté d'ivoire et de nacre.

147 — Deux supports en bois de fer sculpté dessus en marbre.

148 — Deux étagères d'applique en bois de fer sculpté.

149 — Beau porte-manteau à fond de glace, en bois des Iles, orné d'application de nacre. Style japonais.

150 — Support formant étagère en bois noir garni de cuivres, dessus en marbre.

151 — Paravent à quatre feuilles en soierie brodée.

152-53 — Deux petits paravents à deux feuilles, en laque du Japon, ornés d'applications de nacre et d'ivoire teinté, décor personnages et paysages.

154 — Grand bureau garni de bronzes. Style Louis XIV.

155 — Petite commode Louis XVI en marqueterie de bois de rose, garnie de cuivres.

156 — Joli haut de meuble ouvrant à deux portes en bois sculpté, décoré de motifs à personnages en bas-relief avec montants et entre-deux à cariatides. XVIe siècle.

157 — Meuble ouvrant à deux portes en bois sculpté, décoré d'ornements à mascaron, montants à chutes de feuillages. Henri II.

158 — Beau bureau plat en bois de luxe, garni de bronzes. Style Louis XV.

159 — Marquise en bois sculpté couverte en tapisserie ancienne à personnages. Epoque Louis XV.

160 — Paravent ouvrant à trois feuilles ornées be soierie, le haut orné d'une gravure en couleur et de glaces biseautées. Style Louis XV.

TABLEAUX

DESSINS, GRAVURES

BERGHEM (genre de)

161 — *Paysage.*

BERNIER

162 — *Poules.*

163 — *Entrée de village.*

BONNAT

164 — *Nature morte.*

BONNINGTON

165 — *Vue de ville au bord d'une rivière.*

BOUCHER (Ecole de)

166 — *Femme et amour.*

Sanguine.

167 — *Portrait de femme.*

BOUUIN (?)

168 — *Vue d'un bassin du port, au Havre.*

BREUGHEL DE VELOURS

169 — *Paysage animé de personnages.*

COURBET

170 — *Portrait de Victor Hugo.*

DAUMIER (H.)

171 — *La Clémence de Minos.*

Dessin rehaussé.

DELACROIX (Eug.)

172 — *Projet de plafond.*

GARNIER

173 — *Vue d'un parc.*

Dessin gouache.

GREEF

174 — *Chien et perdrix.*

GUARRIGUEZ

175 — *Le buveur.*

GUDIN (Attribué à)

176 — *Marines.*

Deux pendants.

GEESVILLE (A.)

177 — *La dame à l'éventail.*

Aquarelle.

HOLBEIN (Ecole de)

178 — *Portrait d'homme tenant une lettre à la main.*

Sur fond de paysage.

JULIAS (Luis)

179 — *Taureanx dans la campagne de Séville.*

LAER (Pierre de)

180 — *Sujet grotesque.*

Peinture sur cuivre.

LECOMTE DE NOUY

181 — *Portrait de femme.*

LEMONNIER (Théodore)

181 *bis* — *Pêcherie en Bretagne.*

MAS (Nicolas)

182 — *Homme, femme et enfant à un balcon.*

MONTICELLI (Attribué à)

183 — *Le Toast.*

184 — *Conversation galante.*

PALIANTI

185 — *Campement arabe.*

Aquarelle.

186 — *Les Laveuses.*

Paysage, aquarelle,

PARRATT (Marthe)

187 — *Tête de jeune fille.*

Forme ronde.

HUBERT ROBERT (Attribué à)

188 — *Ruines animées de personnages.*

189 — *Vue du pont de Sphinx. Vue des prin cipaux monuments de Rome.*

Deux gravures encadrées.

SAUNIER (Octave)

190 — *Cerf en forêt.*

Aquarelle.

VERCHAIN

191-192 — *Paysages, environs de Paris.*

Quatre aquarelles, signées.

ÉCOLE ANCIENNE

193-194 — *Scènes de chasse.*

Deux dessus de portes.

ECOLE FLAMANDE

195-196 — *Buveurs et fumeurs.*

Deux gouaches se faisant pendants.

197 — *Personnages sur une route.*

198-199 — *Paysages.*

Deux tableaux.

ÉCOLE FRANÇAISE

200 — *Paysage avec ruines au bord d'une rivière.*

Dessin à la sépia, ovale.

201 — *Portrait de jeune fille coiffée d'un rond chapeau à plumes.*

Dessin au crayon noir, forme ovale.

202 — *Portrait de femme en robe blanche.*

Pastel.

ECOLE FRANÇAISE

203 — *Portrait du docteur Dubois en redingote noire et cravate blanche.*

204 — *Le Page fauconnier.*

205 — *Paysans bretons revenant du marché.*

206 — *Groupe de personnages dans un parc.*

ECOLE FRANÇAISE DU XVIIIe SIÈCLE

207 — *Bacchantes et Faune.*

208 — *Portrait d'un jeune homme.*

ECOLE HOLLANDAISE

209 — *Le Paradis terrestre.*

ECOLE MODERNE

210 — *Portrait d'enfant à cheveux blonds, vêtu de bleu.*

211 — *Vase de fleurs.*

212 — *Tête d'homme.*

213 — *Paysage.*

Signé du monogramme C. D., 1841.

214 — *Vue de Paris.*

215 — *Le Jeu de Paume.*

Esquisse.

216 — Trois gravures en couleur : *Mlle de Lavallière présentée à Louis XIV, le Concert et le Bal paré.*

Encadrées.

217 — Deux gravures en noir : *La Guinguette et le Marché.*

218 — Gravure anglaise en couleur : *Scène de chasse.*

TAPISSERIES, TENTURES

TAPIS

219 — Deux portières en tapisserie d'Aubusson représentant les Chasses de Guise, bordure feuillagée.

220 — Quatre garnitures de fauteuils et quatre garnitures de chaises en tapisserie d'Aubusson représentant les Fables de Lafontaine.

221-222 — Deux tapis d'Orient en soie, dessin polychrome.

223 à 230 — Huit tapis anciens d'Orient. (Seront divisés).

231 — Portière en laine d'Adana.

232 — Grand tapis d'Orient, décor polychrome.

233 — Décor de deux fenêtres en satin de laine bleu avec galerie en peluche mousse.

234 — Paire de portières avec leur baldaquin en velours rouge avec bandes en velours à personnages.

235 — Tapis de Smyrne.

236 — Tapis d'Orient, décor polychrome.

237 — Objets omis.

www.ingramcontent.com/pod-product-compliance
Ingram Content Group UK Ltd.
Pitfield, Milton Keynes, MK11 3LW, UK
UKHW032026260826
14628UKWH00006B/2768

9 782329 501857